SHIRLEY BASSEY

JOHN EVANS

Trosiad gan Hedd a Non ap Emlyn

Lluniau gan Malcolm Stokes

Dyma Stryd Bute. Mae Stryd Bute yng
Nghaerdydd. Ar 8fed Ionawr 1937, cafodd
cantores enwog ei geni yn rhif 182. Ei henw
oedd Shirley Bassey.

Roedd y teulu'n dlawd iawn a hi oedd y
plentyn lleiaf o blith saith. Chafodd hi erioed
ddillad newydd i'w gwisgo. Roedd rhaid iddi
wisgo hen ddillad ei chwiorydd hŷn bob amser.

Yr adeg honno Tiger Bay oedd yr enw ar
yr ardal lle'r oedd Shirley'n byw yng
Nghaerdydd. Roedd llongau'n dod yno i
gario glo o Gymru i bob rhan o'r byd.
Morwr o Affrica oedd tad Shirley.

Un diwrnod, pan oedd Shirley yn ddwyflwydd oed, hwyliodd ei thad i ffwrdd a welodd hi mo'i thad byth wedyn. Roedd yn rhaid i fam Shirley fagu saith o blant ar ei phen ei hun.

5

Doedd Shirley ddim yn hoffi ei bywyd yn
Tiger Bay. Doedd hi ddim yn hoffi bod yn
dlawd. Doedd hi ddim yn hoffi'r ysgol. Ond
roedd hi'n hoffi canu.

Pan fyddai'n mynd i barti, byddai'n canu
am dair ceiniog. Roedd hi mor swil, byddai
hi'n cuddio o dan y bwrdd ac yna'n canu.

7

Gadawodd Shirley yr ysgol pan oedd hi'n
bymtheg oed. Aeth i weithio mewn ffatri.
Ei gwaith oedd pacio sosbenni mewn
bocsys. Roedd y gwaith yn ddiflas iawn.

Roedd Shirley yn hoffi gwrando ar recordiau
Judy Garland, ac roedd hi'n hoffi mynd i'r
sinema. Gwelodd hi ffilm o'r enw 'The
Wizard of Oz'. Seren y ffilm oedd Judy
Garland. Meddyliodd Shirley, "Dw i eisiau
bod yn gantores enwog fel Judy."

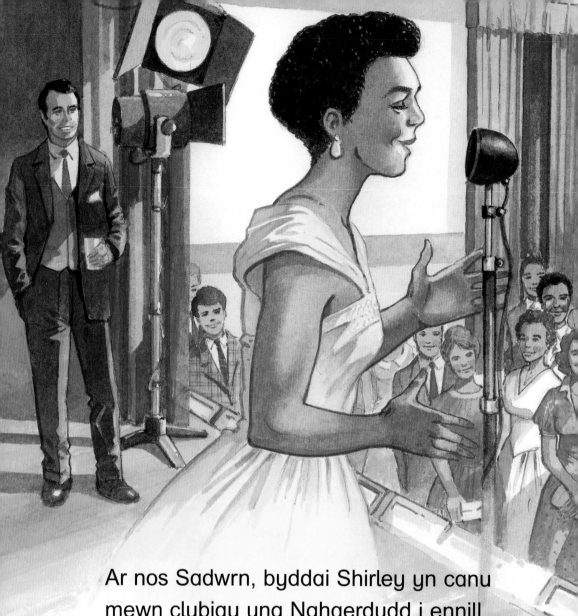

Ar nos Sadwrn, byddai Shirley yn canu
mewn clybiau yng Nghaerdydd i ennill
mwy o arian. Un noson, gofynnodd dyn
iddi ganu yn ei sioe e. Dywedodd e, "Beth
am adael dy waith a dod i weithio i fi?"

10

Bu Shirley'n gweithio fel cantores am
flwyddyn gan deithio o gwmpas y wlad.
Ond roedd bywyd yn galed, ac roedd rhaid
iddi fynd yn ôl i'w chartref yng Nghaerdydd.

Un diwrnod, cafodd Shirley delegram gan
berchennog theatr o Lundain. Meddai,
"Dw i eisiau i ti weithio yn fy sioe newydd".
Doedd pobl ddim wedi anghofio llais
hyfryd Shirley.

12

Roedd rhaid i Shirley fynd i Lundain i gael
prawf arbennig o'r enw clyweliad.
Cyrhaeddodd yno yn gwisgo hen bâr o jîns
a siwmper fudr. Doedd pobl y theatr ddim
yn ei hoffi hi ar y dechrau. Ond pan
ddechreuodd hi ganu, roedden nhw'n
gwybod y byddai Shirley yn seren.

13

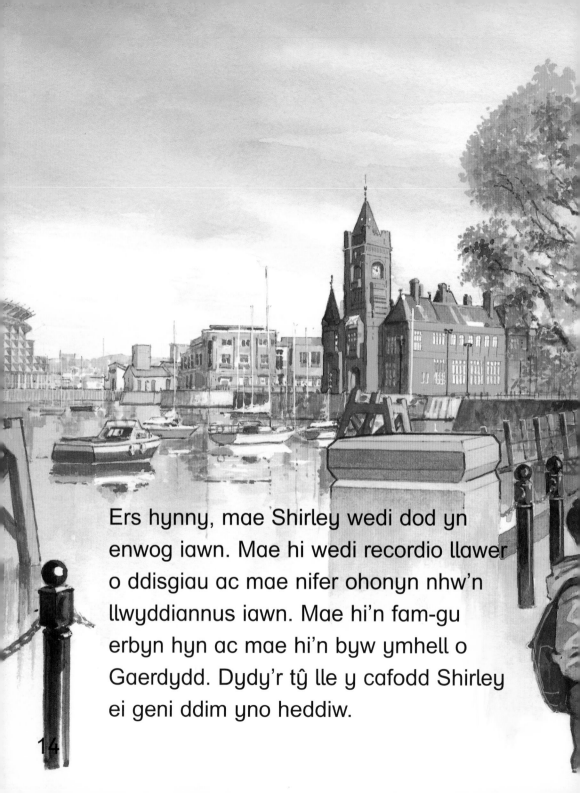

Ers hynny, mae Shirley wedi dod yn enwog iawn. Mae hi wedi recordio llawer o ddisgiau ac mae nifer ohonyn nhw'n llwyddiannus iawn. Mae hi'n fam-gu erbyn hyn ac mae hi'n byw ymhell o Gaerdydd. Dydy'r tŷ lle y cafodd Shirley ei geni ddim yno heddiw.

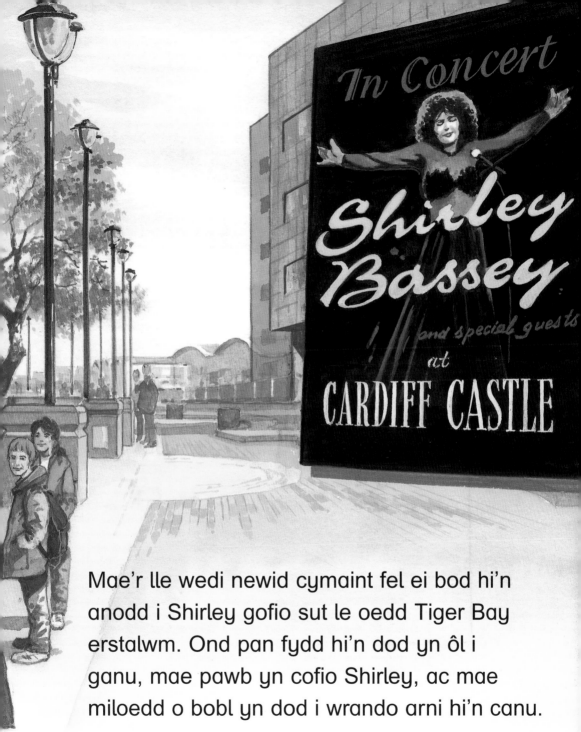

In Concert

Shirley Bassey

and special guests

at

CARDIFF CASTLE

Mae'r lle wedi newid cymaint fel ei bod hi'n anodd i Shirley gofio sut le oedd Tiger Bay erstalwm. Ond pan fydd hi'n dod yn ôl i ganu, mae pawb yn cofio Shirley, ac mae miloedd o bobl yn dod i wrando arni hi'n canu.

MYNEGAI

Affrica 4

Caerdydd 2,4,10, 11, 14

clyweliad 13

Cymru 4

ffatri 8

Garland, Judy 9

glo 4

Llundain 12, 13

sosbenni 8

stryd Bute 2

Shirley 2, 4, 5, 6, 8, 9, 10, 11, 12, 13, 14, 15

seren 9,13

tair ceiniog 7

telegram 12

theatr 13

Tiger Bay 4, 6, 15

Wizard of Oz 9

ysgol 6, 8